珍惜所有,
保護地球

陳美齡 著 / 繪

新雅文化事業有限公司
www.sunya.com.hk

媽媽在打掃廁所，發覺廁紙已經用完，
剛要把廁紙筒拋進垃圾箱時，小和跑過來說：
「媽媽不要拋掉紙筒，給我好嗎？」

媽媽說：

「好吧！那你拿去吧！」

小和開開心心的拿着紙筒回房間裏去。

媽媽在打掃客廳，要把一些舊報紙拋掉。

小昇急急跑過來說：

「媽媽不要拋掉舊報紙，給我好嗎？」

媽媽說：

「好吧！你拿去吧！」

小昇開開心心的拿着舊報紙回房間裏去。

媽媽在廚房洗碗碟。有兩瓶已吃完的果醬，
媽媽準備拋掉玻璃瓶。

小協急急的跑過來說：

「媽媽不要拋掉玻璃瓶，給我好嗎？」

媽媽說：

「好吧！你拿去吧！」

小協開開心心的拿着玻璃瓶回房間裏去。

媽媽打掃完之後，到孩子的房間
看三兄弟在做什麼。
媽媽發現他們用紙筒、舊報紙和
玻璃瓶做了有趣的玩具。

小和的紙筒變成了火車。

小昇的舊報紙變成了小船。

小協的玻璃瓶變成了樂器。

媽媽感到很驚喜！

她對三兄弟說，

「你們能把廢物變為玩具，

很有創造力哦！」

三兄弟對媽媽說：

「媽媽，要是你拋掉了它們，

它們就會變成垃圾。但其實它們不是廢物。

老師告訴我們，

珍惜所有，保護地球。」

媽媽聽了這番說話，有點內疚。

但看到孩子們能夠實行環保的責任，

感到非常自豪和安慰！

嗚嗚嗚……

沙沙沙……

嘟嘟嘟⋯⋯

三兄弟對媽媽說：

「媽媽，我們還做了一件禮物給您啊！」

他們一起跑過來，把用舊報紙做成的項鏈和
勳章掛在媽媽的頸上。

「您是世界上最好的媽媽！」

媽媽很感動，淚水也落下來了。

28

媽媽心中是暖暖的。

在她的腦袋裏留下了一句話——

「珍惜所有，保護地球。」

作者簡介

　　陳美齡 (Agnes Chan)，是著名歌星，也是過百本親子教養書作家。於美國史丹福大學攻讀教育學博士課程，並獲得教育學博士（Ph.D）。

　　陳博士除了參與各類演藝活動，也兼任隨筆作家、聯合國兒童基金會亞洲親善大使、日本抗癌協會「微笑大使」、香港公開大學榮譽顧問等等，活躍於各個領域。2015年繼大兒子、二兒子之後，三兒子也成功被史丹福大學錄取，成為成功的教育家。

陳美齡給父母的小訊息

從小讓小朋友明白環保的重要性，是提高孩子素質的重要教育。這個故事是孩子教媽媽，而不是媽媽教孩子。和孩子閱讀這個故事，可以讓孩子覺得他們是老師，媽媽是學生。這會令他們覺得驕傲，而會更積極的去想辦法保護地球。父母可以誘導孩子把在學校學了的東西，回家告訴父母，分享知識。

傳達知識，是學習過程中非常重要的能力。這個故事可以鼓勵他們好學，自學和活學。

從閱讀加強孩子的學習能力

喜愛閱讀是父母可以為孩子建立的最重要的一個習慣。

從閱讀之中可以鍛煉孩子的學習能力。首先父母讀繪本給孩子聽。讀了幾次之後，請孩子讀給你聽。然後把書蓋上，叫孩子去把故事告訴其他人。這樣的做法可以鍛煉孩子的聆聽力、閱讀力、理解力、記憶力、總括力和發表的能力。

讀每一本繪本的時候，都可以用這個方法。那麼孩子在上學的時候，因為已經熟習了學習的流程，就會覺得很輕鬆。

討論故事內容

和孩子討論故事內容，可以令孩子更有個人的意見和明白到其他人的想法。

這個故事中，有幾個問題大家可以討論：
- 為什麼小和、小昇和小協要媽媽給他們即將拋掉的東西？
- 兄弟們在房裏面做什麼？
- 兄弟們教了媽媽什麼事？
- 為什麼媽媽會覺得慚愧？
- 媽媽為什麼開心到哭了？
- 在媽媽的腦袋裏留下了哪一句話？
- 你如何能去珍惜所有的東西呢？

♡ 陳美齡與你分享更多親子閱讀心得
　　　　　　　　　　一掃即看

陳美齡親子繪本系列

珍惜所有，保護地球

作者：陳美齡

繪圖：陳美齡

責任編輯：趙慧雅

美術設計：鄭雅玲

出版：新雅文化事業有限公司

香港英皇道499號北角工業大廈18樓

電話：(852) 2138 7998

傳真：(852) 2597 4003

網址：http://www.sunya.com.hk

電郵：marketing@sunya.com.hk

發行：香港聯合書刊物流有限公司

香港荃灣德士古道220-248號荃灣工業中心16樓

電話：(852) 2150 2100

傳真：(852) 2407 3062

電郵：info@suplogistics.com.hk

印刷：中華商務彩色印刷有限公司

香港新界大埔汀麗路36號

版次：二〇二一年六月初版